10/21

Animales de la granja

Ovejas en la granja

por Bizzy Harris

Bullfrog
en español

Ideas para padres y maestros

Bullfrog Books permite a los niños practicar la lectura de textos informativos desde el nivel principiante. Las repeticiones, palabras conocidas y descripciones en las imágenes ayudan a los lectores principiantes.

Antes de leer

- Hablen acerca de las fotografías. ¿Qué representan para ellos?

- Consulten juntos el glosario de las fotografías. Lean las palabras y hablen de ellas.

Durante la lectura

- Hojeen el libro y observen las fotografías. Deje que el niño haga preguntas. Muestre las descripciones en las imágenes.

- Léale el libro al niño o deje que él o ella lo lea independientemente.

Después de leer

- Anime al niño para que piense más. Pregúntele: ¿Qué sabías sobre las ovejas antes de leer este libro? ¿Qué más te gustaría aprender sobre ellas?

Bullfrog Books are published by Jump!
5357 Penn Avenue South
Minneapolis, MN 55419
www.jumplibrary.com

Library of Congress Cataloging-in-Publication Data

Names: Harris, Bizzy, author.
Title: Ovejas en la granja / por Bizzy Harris.
Other titles: Sheep on the farm. Spanish
Description: Minneapolis: Jump!, Inc., 2021.
Series: Animales de la granja | Includes index.
Audience: Ages 5–8 | Audience: Grades K–1
Identifiers: LCCN 2020040560 (print)
LCCN 2020040561 (ebook)
ISBN 9781645278849 (hardcover)
ISBN 9781645278856 (ebook)
Subjects: LCSH: Sheep—Juvenile literature.
Livestock—Juvenile literature.
Classification: LCC SF375.2 .H36718 2021 (print)
LCC SF375.2 (ebook) | DDC 636.3—dc23

Editor: Eliza Leahy
Designer: Molly Ballanger
Translator: Annette Granat

Photo Credits: Eric Isselee/Shutterstock, cover, 3, 12, 24; Image Source/iStock, 1; ItsMoment/Shutterstock, 4, 23bl; Chingfoto/Shutterstock, 5; Jevtic/Dreamstime, 6–7; Jesus Keller/Shutterstock, 8–9; Keith Heaton/Shutterstock, 10; evandavies8/Shutterstock, 10–11; Clara Bastian/Shutterstock, 13; anjajuli/iStock, 14–15, 23br; eAlisa/Shutterstock, 16–17, 23tl; Mats/Shutterstock, 18, 23tr; esemelwe/iStock, 19 (top); Yesakova Natalia/Shutterstock, 19 (bottom); Foodanddrink Photos/SuperStock, 20–21; stockyimages/Shutterstock, 21; photomaster/Shutterstock, 22.

Printed in the United States of America at Corporate Graphics in North Mankato, Minnesota.

Tabla de contenido

Lana caliente

¿El pelaje de quién está hecho de lana?

¡El de la oveja!

5

Las ovejas viven
en las granjas.

La lana las
mantiene calientes.

cuerno

¡Esta oveja tiene
cuernos grandes!

Es un macho.

Lo llamamos carnero.

Esta oveja hembra tuvo corderos.

¡Ellos juegan!

oveja hembra

cordero

Algunos corderos son blancos.
Otros son negros.

Este cordero
es de color café.

¡Beee!

13

Las ovejas pastan
en la hierba.

También comen
maleza.

pastizal

perro
pastor

El granjero las arrea.

¡Un perro ayuda!

esquiladora eléctrica

El granjero las esquila.
Él usa una esquiladora eléctrica.

18

La lana se puede usar para hacer ropa.

¡Los sombreros y las mitones también están hechos de lana!

sombrero de lana

mitones de lana

¡Gracias, oveja!

21

Las partes de un carnero

¡Échales un vistazo a las partes de un carnero!

hocico

cuerno

lana

cola

pata

pezuña

Glosario de fotografías

arrea
Mueve los animales
juntos en un grupo.

esquila
Recorta o corta con tijeras
o esquiladoras eléctricas.

lana
El suave, grueso y rizado pelo de
las ovejas. La lana es hilada en
hilo y usada para hacer ropa.

pastan
Se alimentan de la hierba
que crece en un campo.

Índice

Para aprender más

Aprender más es tan fácil como contar de 1 a 3.

❶ Visita www.factsurfer.com

❷ Escribe "ovejasenlagranja"
    en la caja de búsqueda.

❸ Elige tu libro para ver una lista de sitios web.